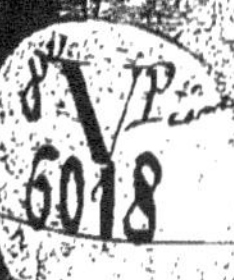

DE L'ENVAHISSEMENT

DE

L'ÉCOLE DES BEAUX-ARTS

PAR LES ÉTRANGERS

RÉCLAMATIONS DES ÉLÈVES FRANÇAIS

TEMPS PERDU FAUTE DE PLACES
ATTRIBUTION DES PRIX DE FONDATIONS FRANÇAISES
AVANTAGES DONNÉS
AUX ÉTRANGERS PAR LA NOUVELLE LOI MILITAIRE

PAR

L. VERAX

PRIX : 60 CENTIMES

PARIS

LIBRAIRIE DES IMPRIMERIES RÉUNIES

ANCIENNE MAISON MOREL

LIBRAIRIE CENTRALE D'ARCHITECTURE

13, RUE BONAPARTE

DE L'ENVAHISSEMENT

DE

L'ÉCOLE DES BEAUX-ARTS

PAR LES ÉTRANGERS

PRIX : 60 CENTIMES

DE L'ENVAHISSEMENT

DE

L'ÉCOLE DES BEAUX-ARTS

PAR LES ÉTRANGERS

La question que soulève l'envahissement croissant de notre École des beaux-arts par les étrangers est de celles qui méritent le plus l'attention publique ; elle ne relève pas seulement du domaine de l'art, elle affecte au plus haut degré, comme nous le démontrerons, nos intérêts économiques. Il nous sera également facile de démontrer que les élèves français qui s'en préoccupent, loin de céder à des sentiments mesquins et égoïstes, s'inspirent au contraire du patriotisme le plus ardent et le plus éclairé.

Quelques journaux ont pris l'éveil sur cette question et d'autres ne manqueront pas de les suivre. Il y a quelques mois, la *République française*, prenant les devants, publiait un article dont nous reproduirons les principaux passages, parce qu'ils exposent clairement les faits et la situation.

« On n'a pas oublié, dit ce journal, les incidents que la question dite « des étrangers » a soulevés récemment à l'École de médecine. Cette question s'est posée, dans ces derniers temps, un peu partout, sur nos chantiers et dans nos usines comme dans nos écoles.

» On sait, par exemple, que les locaux de notre École des beaux-arts sont très insuffisants pour le nombre d'élèves peintres, sculpteurs, architectes, graveurs, qui y affluent de toutes les parties de la France. L'hôtel de Chimay, récemment acquis à grands frais, augmentera bien la place disponible ; mais, outre que les nouveaux aménagements sont loin d'être prêts, on doute qu'ils suffisent encore si certains abus qu'on nous signale continuent de se développer outre mesure.

» Les ateliers d'architecture, notamment, bien qu'occupant un vaste espace, sont tellement encombrés, que dans certains d'entre eux les élèves de première et les élèves de seconde classe ne peuvent travailler ensemble. Pendant que les uns sont occupés, les autres doivent se croiser les bras, et, en fin de compte, au bout de l'année, nos jeunes gens n'ont eu que six mois de leçons au lieu de douze. On nous demande si dans de telles conditions il ne serait pas juste de limiter le nombre des places accordées aux Anglais, aux Américains et surtout aux Suisses allemands, dont ces ateliers regorgent. L'affluence des étrangers est arrivée au point que, dans certains ateliers de peinture, les Américains et les Anglais se trouvent en majorité ; et parmi les contestations, les querelles faciles à comprendre entre ces jeunes gens également avides de savoir, qui se disputent une place au soleil, on a vu un jour les nôtres expulsés de vive force par leurs hôtes.

» La distribution des prix et récompenses donne lieu, paraît-il, à des abus non moins regrettables que la distribution des places. Certains prix, provenant de fondations particulières, consistent en sommes d'argent. Les Français qui les ont fondés n'ont jamais eu la pensée que ces prix serviraient surtout à soutenir des concurrents étrangers ; et pourtant les choses se passent de telle manière, que les étrangers ont plus de chance que les nôtres de les obtenir. En architecture, pour passer de la dernière classe à la première, il faut, indépendamment des autres conditions requises, avoir subi avec succès l'examen dit de construction. A la médaille qui s'obtient par cet examen est attaché un prix d'argent, de fondation privée, d'une valeur de 700 francs. Or, depuis plusieurs années cette somme paraît tomber régulièrement aux mains de quelque étranger, de tel Suisse par exemple, élève-ingénieur de l'École de Zurich, venu à Paris pour ajouter à son diplôme celui d'architecte de l'École des beaux-arts de France. Toute la partie technique de la construction étant comprise dans ce qui constitue la science de l'ingénieur, ces Suisses, qui sont des hommes faits, ont un premier avantage sur les jeunes Français de seconde classe.

» De plus, lorsque le Français arrive à l'âge de la conscription, il est saisi par les nécessités militaires qui le mettent en retard de quinze à dix-huit mois, tandis que le Suisse est libéré pour une légère somme d'argent ou bien fait un service de quelques semaines. On nous assure que par l'effet d'un enchaînement de circonstances semblables, le prix d'architecture, dit prix Godebœuf, auquel est attachée aussi une somme de 700 francs, vient d'avoir le même sort que le prix de construction. Il aurait été attribué, il y a quelques semaines, à un Allemand inscrit comme Autrichien sur les contrôles de l'École. Les élèves français ont adressé, l'année dernière, une pétition au conseil supérieur pour réclamer contre les conditions qui leur sont faites et pour demander que, en principe, les legs de fondation française fussent réservés aux meilleurs élèves parmi nos compatriotes. Ils renouvellent cette année leur pétition de l'année dernière. Elle nous parait, nous devons le dire, parfaitement juste.

» Les jeunes Français ont raison de faire remarquer que l'étranger envoie à Paris ses sujets hors ligne, des hommes souvent déjà mûrs, mieux préparés, mieux *entraînés*, et de meilleure heure, tant pour la partie technique que pour la pratique et pour l'habileté de main. Tandis que nos jeunes gens, en général, ont fait au moins une partie de leurs humanités, eux, dès l'âge le plus tendre, ont commencé à se spécialiser[1]; et cette avance, jointe à cet autre avantage de l'exemption militaire, leur procure dans les années de l'École des facilités tout exceptionnelles pour obtenir ces prix tant recherchés par les jeunes gens sans fortune.

» Les mêmes remarques ont pu être faites dernièrement à l'École des mines et ailleurs. Or, les médailles et les prix obtenus à l'École dans ces conditions ne sont pas seulement un secours momentané de grande importance, mais ils aident singulièrement ces jeunes étrangers à se caser soit dans nos industries, soit dans nos administrations municipales et autres. Ils gardent soigneusement leur nationalité tant qu'elle leur est avantageuse, jusque vers l'âge de trente ans, et alors, affranchis des obligations militaires, déjà parfaitement installés dans notre pays, ils peuvent se faire naturaliser pour consolider leur situation, tandis que nos compatriotes en sont encore au début de leur carrière.

» Ces considérations n'ont pas échappé au législateur qui se préoccupe en ce moment de réformer les lois relatives à la natura-

1. Voir le livre de M. Frary : *La Question du latin.*

lisation en France; mais, pour en revenir à notre École des beaux-arts, il nous paraît que le conseil supérieur fera bien d'examiner à la fois et la question des places et la question des prix. Ce qu'on peut dire, c'est que de jeunes Français méritants ne devraient pas être privés des moyens de s'instruire, alors que ces moyens sont libéralement accordés à des étrangers, et des fondations de prix essentiellement françaises devraient être réservées aux meilleurs des nôtres. »

Le *Ralliement*, dans un article analogue, publié par M. Pontsevrez, constate que pour les élèves peintres, par suite de l'énorme quantité d'étrangers admis, l'administration dut recourir au système des séries :

« L'administration de l'École ne faisant aucune distinction entre les Français et les intrus divisa les ateliers en plusieurs séries qui viennent à tour de rôle occuper un jour sur trois et même sur quatre, les locaux insuffisants.

» On éventre un hôtel du quai Malaquais, on va construire : coût quelques millions. Payés par qui? par Jacques Bonhomme, citoyen français. Dépense parfaitement inutile, s'il ne s'agissait que de l'intérêt des nôtres, car l'École est assez spacieuse pour eux, dépense devenue nécessaire pour donner gratuitement à des étrangers une éducation supérieure et spéciale! »

Éducation dont les bénéficiaires, comme on va le voir plus loin, tournent les effets contre nous. Quant à l'agrandissement, qui va coûter si cher au moment où, nos ressources s'amoindrissant et nos besoins allant croissant, nous aurions tant besoin d'économiser nos deniers, il n'apportera au mal qu'un remède provisoire. L'École actuelle n'est pas si vieille, elle date tout au plus d'une quarantaine d'années; au train dont vont les choses et les étrangers prenant de plus en plus le chemin de Paris, dans quelques années, l'obligation d'un nouvel agrandissement s'imposera de nouveau.

A côté de la *République française* et du *Ralliement*, la *Nation*, à son tour, s'est émue; elle terminait ainsi un premier article :

« *De vives et légitimes réclamations ont déjà été faites à ce sujet, notamment dans une pétition adressée, l'an dernier au* conseil supérieur de l'École. Peut-être cette pétition aurait-elle obtenu gain de cause, si l'un des membres du conseil n'avait cru devoir s'élever contre elle, au nom de l'esprit chevaleresque qui, de tout temps a été l'apanage de la jeunesse française. Si la chevalerie consiste à se battre avec une épée de bal, contre un adversaire armé d'une carabine de précision, nous sommes, en effet, de fameux chevaliers.

» M'est avis qu'il serait grand temps de mettre au rancart toutes ces vieilles rengaines sur l'hospitalité que nous devons accorder aux étrangers. Elles ont fait leur temps.

» Que l'on admette, dans nos écoles, les étrangers au même titre que les Français, passe encore. Mais favoriser les étrangers aux dépens de nos nationaux !... »

Puis quelques jours après, elle reprenait non moins vivement :

« Nous avons signalé, dans un récent article, les inconvénients sérieux qui résultent, pour nos élèves français, de l'envahissement (le mot n'est pas exagéré) de l'École des beaux-arts par les élèves étrangers.

» La question mérite que l'on s'en occupe ; elle intéresse non seulement l'École, mais encore les artistes, et toutes les fois que des faits de la nature de celui que nous allons relater viendront à se produire, nos colonnes seront ouvertes aux protestations qu'ils ne manqueront pas de soulever.

» Voici ce qui s'est passé, pas plus tard que cette semaine, à l'École des beaux-arts (section d'architecture) au sujet du jugement d'un projet. Un délai est fixé pour la remise des dessins ; passé ce délai, nul ne peut être admis à concourir.

» Un Suisse laisse passer le délai, son projet est refusé et son auteur rayé de la liste des concurrents.

» Il ne viendrait certainement pas à la pensée d'un élève français, dont le projet serait refusé dans des conditions analogues, de tenter, auprès de l'administration, une démarche condamnée d'avance à l'insuccès.

» Mais les étrangers... ont en pareilles circonstances, des audaces, parfaitement justifiées d'ailleurs par la touchante sollicitude qu'on manifeste à leur égard en haut lieu.

» Donc, au dernier moment, le ministre plénipotentiaire suisse *est intervenu auprès de l'administration et, par une exception inattendue, le projet non exposé a été admis au concours où une première médaille lui a été décernée[1].*

. . . .

» *Nous croyons qu'il est grand temps de faire cesser cet état de choses.*

» *L'École des beaux-arts a été créée pour favoriser le développement de l'art en France et non à l'étranger.* »

A la suite de ces articles, dont nous avons supprimé ou atténué les passages les plus virulents, les élèves architectes, heureux de voir leur cause si chaleureusement plaidée, adressèrent à M. Émile Richard cette lettre collective :

« Monsieur le rédacteur,

» Les soussignés, élèves de l'École des beaux-arts, vous remercient des excellents articles consacrés par vous, dans la *Nation*, aux questions que soulève l'envahissement de l'École par les étrangers; ils vous remercient d'avoir si bien fait connaître comment ceux-ci, par suite d'une réglementation insuffisante, et avec l'aide des circonstances, sont arrivés à occuper, devant les Français une situation privilégiée.

» Ainsi que vous le dites avec toute raison, et comme la *République française* l'a dit aussi, nos concitoyens qui ont fait à l'École de généreuses fondations de prix n'ont certainement jamais eu la pensée d'en faire bénéficier les étrangers à notre détriment, et s'ils ont omis de formuler une restriction à cet égard, il suffit de s'inspirer de leurs intentions patriotiques pour comprendre que la restriction s'impose d'elle-même. Forts de l'aide que la presse nous donne enfin, nous renouvellerons notre pétition. Si pour aboutir nous étions obligés de nous adresser à la Chambre nous serions heureux de voir votre sympathique directeur nous prêter l'appui de sa parole éloquente.

» L'avantage que donne aux étrangers l'exonération complète du

---

1. N'oublions pas à côté de ces favours exceptionnelles que c'est un de nos hôtes Suisses qui, sous le masque allemand, a lancé contre nous l'injurieux pamphlet intitulé : *Voyage au pays de la revanche.* Si nous sommes méprisables, pourquoi tant venir chez nous? Que les Suisses allemands aillent donc en Allemagne, ce n'est pas nous qui les appelons.

service militaire auquel nous sommes tous astreints, joue, en raison des limites d'âge, un rôle important dans la question. Autant il nous plairait de tendre loyalement la main à des hôtes qui, en échange de la situation qu'ils viennent demander à un pays plus généreux que le leur, auraient à cœur de partager aussi nos devoirs et nos charges, autant il nous répugne de jouer le rôle de dupes devant ceux que nous entendons avouer cyniquement qu'ils se feront Français plus tard, quand ils auront un dernier avantage à en tirer et que la loi militaire ne pourra plus les effleurer.

» Dans ces conditions, les droits abusifs qu'on leur accorde font plus que les placer sur le pied d'une égalité complète avec nous, ils leur assurent, nous le répétons, une situation privilégiée, situation dont les Suisses allemands surtout abusent de plus en plus, en s'appelant les uns les autres, ayant même créé pour cela une agence spéciale.

» La façon dont vous avez si bien compris ces questions, Monsieur, nous permet d'espérer que chacun maintenant les comprendra de même, et c'est avec ce bon espoir que nous vous réitérons tous nos meilleurs remerciements. »

(Suivent les signatures.)

Pour répondre à une allégation qui dénaturait leurs intentions, et en vue des résolutions à prendre, les signataires de la lettre ci-dessus provoquèrent une réunion dans le plus nombreux des ateliers. L'exposé des motifs lu en cette réunion ayant le grand avantage de nous donner sans modification aucune l'expression des sentiments et l'indication précise des raisons déterminantes de cette studieuse jeunesse, nous ne saurions mieux faire que de le reproduire *in extenso* :

EXPOSÉ

« Messieurs et chers camarades,

» La question des étrangers à l'École des beaux-arts étant posée, il importe avant tout de ne pas la laisser dénaturer.

» Nous ne crions pas : « Plus d'étrangers ! » En nous attribuant ce cri de ralliement, on fait plus qu'exagérer notre pensée, on la fausse.

» Ce que nous demandons, c'est que le nombre des étrangers admis à l'École soit désormais limité, afin que nous, Français, dans cette École dont nos concitoyens, nos familles font les frais, nous ne soyons plus exposés à subir des temps d'arrêt, faute de place, et à voir la moitié de nos ateliers condamnée à l'inaction quand l'autre moitié travaille.

» Ce que nous demandons, c'est que les prix résultant de fondations et de legs particuliers faits à l'École par nos concitoyens, prix destinés évidemment à encourager et à aider des Français, ne puissent plus être attribués à des étrangers. Il n'est pas logique que ceux-ci admis à participer gratuitement à nos études, soient de plus considérés comme ayant des droits égaux aux nôtres pour obtenir ces subsides. Autrement, ces dons nationaux détournés de leur but arrivent à constituer des encouragements au développement de l'art à l'étranger; notre hospitalité devient de la duperie. Indépendamment de cette considération de principe, il nous est facile d'établir que par l'effet des obligations militaires dont les étrangers sont naturellement affranchis, tandis qu'elles pèsent sur nous de la façon la plus sérieuse dans la période où se limite le temps d'École, il est créé à leur avantage un véritable privilège.

» Si nous examinons ce qui se fait ailleurs, nous voyons qu'à l'École des mines, par exemple, grâce à une organisation sagement prévoyante, des différences essentielles sont faites entre les élèves français et les élèves étrangers, dont l'admission est subordonnée à une autorisation ministérielle qu'il ne suffit pas comme ici de demander pour l'obtenir. Dans l'intérieur de l'École, les étrangers ne participent aux travaux des laboratoires que dans la mesure des places disponibles, et enfin, à la sortie, une différence non moins essentielle est faite à l'égard du titre sanctionnant les études : aux étrangers, il est accordé un certificat spécial, mais le diplôme est réservé aux seuls élèves français.

» L'École des beaux-arts relève de l'État au même degré que l'École des mines. L'analogie entre la carrière d'ingénieur et celle d'architecte ne saurait être contestée. Les études qu'on exige de nous avant de nous admettre au concours du diplôme sont encore plu slongues que celles de l'ingénieur. Nous serions donc fondés à demander que notre titre ne fût pas moins bien protégé que le leur. En le faisant, nous serions logiques, tandis que ceux qui nous contredisent, pour être conséquents avec eux-mêmes, devraient demander que les étrangers fussent aussi bien admis au concours du prix de Rome qu'ils sont admis à profiter de tous les autres prix de l'École. Dans tous les cas, la question de la différence à faire dans les concours n'est pas si difficile à résoudre, puisque, comme on le voit, elle a déjà été résolue ailleurs.

» Dans une discussion à laquelle s'attache pour nous un intérêt d'avenir, il ne faut pas perdre de vue que les conditions dans lesquelles nous avons à nous défendre contre la concurrence étrangère sont aussi désavantageuses pour nous sur le terrain des travaux particuliers que sur le terrain de l'École. Tandis que par une sorte d'engagement d'honneur pris entre nous, engagement qui pour n'être écrit nulle part n'en est pas moins bien observé, nous n'acceptons pas de travailler dans une agence quelconque à des prix inférieurs à ceux qui ont été établis pour la rémunération des élèves de première et de deuxième classe, les étrangers affranchis de cette obligation vont s'offrir à tout prix, et, par là, avilissant cette rémunération, arrivent à nous rendre presque impossibles dans les temps difficiles que nous traversons les études et travaux pratiques qui, de toute façon, nous sont si nécessaires.

» Dira-t-on que nous trouvons à l'étranger des procédés hospitaliers répondant aux nôtres ? Rien n'est moins soutenable. Les Américains qui sont venus par milliers se former dans nos écoles, maintenant qu'ils ont des peintres et quelques sculpteurs, frappent d'un droit prohibitif l'importation de nos œuvres d'art. Quand, dans un concours international ouvert à l'étranger, un Français remporte le prix, on annule le concours, comme cela est arrivé à l'architecte Nénot en Italie. Enfin, en Suisse, puisque la Suisse s'impose à nous pour un bon et fructueux accueil, nous ne pouvons faire le moindre séjour qu'une taxe onéreuse et qui va croissant ne vienne soudain nous frapper.

» On a parlé d'élever le débat, nous ne demandons pas mieux que de le faire. Dans l'envahissement dont les ouvriers manuels souffrent et se plaignent comme nous, il n'y a pas que la question des salaires et l'avenir des professions qui soient en jeu, l'avenir du pays lui-même est en cause. N'oublions pas les leçons que nous a données notre histoire la plus récente et la plus triste. Rien ne saurait être plus dangereux pour la France que de voir s'accroître davantage dans son sein le nombre de ceux qui n'étant pas de ses enfants et ne se faisant même pas adopter par elle, se garderaient bien à l'heure du péril de s'émouvoir pour sa défense. A encourager comme nous le faisons les étrangers à venir s'implanter chez nous, à ce marché de dupe qui consiste à leur accorder tous les droits sans leur imposer aucun devoir, nous risquons de tomber bientôt dans le plus dissolvant cosmopolitisme. Sous l'action croissante d'un pareil agent de destruction, un peuple n'a même plus à être conquis, il se livre lui-même. Ce n'est plus l'invasion brutale avec les chances de la guerre, c'est l'invasion bien autrement sûre qui s'accomplit par l'infiltration, phénomène dont nous autres architectes nous devons connaître mieux que personne les irrémédiables effets.

» Une récente statistique a établi un fait digne de toute notre attention. Dans ces dernières années, tandis que dans les autres capitales de l'Europe le nombre des étrangers ne s'est accru que faiblement, à Paris, ce nombre s'est élevé de 5 p. 100, c'est-à-dire un vingtième, et cela au moment où, par un phénomène inverse, beaucoup de familles françaises se sont éloignées de la capitale, où les conditions de l'existence étaient devenues pour elles trop difficiles. Bien dupes sont ceux qui, se payant de phrases creuses, ne veulent voir dans un tel fait que l'effet d'un hommage rendu à notre suprématie artistique et intellectuelle. La vérité, c'est que les carrières libérales comme les professions manuelles ont à se défendre contre le famélisme étranger. Ce qu'on vient chercher chez nous, à la faveur de tolérances n'existant nulle part ailleurs, à la faveur de l'exemption des charges qui pèsent si lourdement sur nous, ce sont des situations, des emplois, du travail, quand déjà les situations, les emplois, les travaux manquent pour nous-mêmes. On se fait petit, on se fait humble, on se contente des salaires les plus infimes, pouvant le faire plus aisément que nous, et finalement on nous supplante. La lutte que nous sommes obligés de soutenir en ce moment et qui doit nous rallier tous, c'est la lutte pour la vie. Libre à ceux qu'une supériorité universellement reconnue place dans des conditions exceptionnelles, de soutenir cette thèse superbement dangereuse que nous n'avons rien à redouter des étrangers, et qu'il faut au contraire prendre garde de donner à supposer que nous craignons d'être vaincus par eux ; nous inspirant de l'intérêt général, nous nous plaçons, nous devons nous placer au point de vue de la généralité, de la moyenne des travailleurs, et non des individualités plus ou moins affirmées. D'ailleurs il ne s'agit ni de peur vaine ni de gloriole plus vaine encore : l'ouvrier français lui non plus ne craint pas la comparaison avec l'ouvrier étranger, mais quand celui-ci a pris sa place au chantier ou à l'atelier, ce n'est pas le sentiment de sa supériorité qui peut suffire à le faire vivre.

Conclusion

» Forts de notre bon droit et de notre conscience, n'agissant nullement sous l'impression passagère d'une animosité personnelle et pouvant, comme vous le voyez, exposer loyalement nos raisons au grand jour, nous vous demandons, si vous partagez notre conviction, de vouloir bien le faire connaître par un vote, puis de nommer parmi nous des délégués chargés de s'entendre avec les autres ateliers, en vue des démarches à faire pour obtenir, d'une part, que les étrangers ne soient plus admis à l'École qu'au titre d'élèves supplémentaires et en nombre strictement limité; d'autre part, provoquer par tous moyens qu'ils jugeront bons la solution de la question relative à l'attribution des prix de fondation française. »

C'est par acclamation que ces deux propositions sont votées et que des délégués sont nommés. En attendant le résultat des démarches ainsi commencées pour aboutir à une action générale, voici qu'un étranger, en instance de naturalisation, apporte aux élèves un appui précieux et, chiffres en main, vient confirmer leurs assertions. Nous croyons superflu d'insister sur l'intérêt que présente cette lettre adressée ces jours derniers au *Figaro*, par M. Hawkins, peintre de grand talent, dont la réputation s'est faite au milieu de nous :

« Monsieur le rédacteur en chef,

» Depuis trois ans, un droit de 33 p. 100 a été imposé en Amérique, sur la vente des tableaux, et la France n'a pour ainsi dire pas protesté. Bien plus, elle pousse la magnanimité jusqu'à récompenser les artistes américains qui viennent exposer chez elle, sans se préoccuper s'ils appartiennent à la nation qui a promulgué une loi si préjudiciable aux intérêts français.

» Mais il appartient, je crois, aux artistes européens de protester, je ne dis pas au nom de la dignité de l'art qui est entièrement hors de cause, mais dans l'intérêt de tous.

» Tout artiste français ou étranger, obligé de gagner sa vie en vendant sa peinture, doit réclamer contre une loi aussi inepte. Si encore ce droit de 33 p. 100 profitait à l'Amérique; mais il est prouvé que la taxe de 33 p. 100 ne rapporte pas autant que l'ancienne taxe de 10 p. 100. Tous les ans l'Amérique achetait en France pour 20 à 25 millions de francs de peinture, et depuis que l'impôt de 33 p. 100 est établi, les achats sont tombés au-dessous de 5 millions.

» Faites le compte.

» Mais alors, se demandera-t-on, pourquoi cette loi ?

» Les membres du Congrès qui l'ont promulguée ont été tout bonnement « mis dedans » par un groupe de peintres américains, retour d'Europe.

» La majorité des membres du Congrès se compose presque exclusivement de grands entrepreneurs d'élevage et de culture, aussi n'a-t-elle vu, tout naturellement, dans cette question, qu'un impôt proportionnel sur des objets de luxe.

» C'est, en somme, ce petit groupe d'artistes américains qui avait tout intérêt à faire diminuer l'importation des tableaux d'artistes étrangers et à pousser ainsi à l'achat de leurs œuvres ou plutôt de leurs reproductions artistiques. Ils ont fort habilement conduit cette conspiration d'un nouveau genre, et c'est au moment même où les principaux intéressés, je veux dire les grands amateurs et les grands marchands de tableaux américains, loin de se douter du coup qu'on leur portait, étaient en route pour l'Europe, que l'on a fait voter par le Congrès, à la fin d'une de ses séances, cette taxe de 33 p. 100.

» Ce que je tiens essentiellement à établir, c'est que l'indifférence montrée par les peintres français dans une question aussi importante au point de vue de leurs intérêts est on ne peut plus regrettable.

» Il serait grand temps de prendre des mesures et d'agir vigoureusement. Tous les ans, depuis que la taxe de 33 p. 100 est établie, un peu avant la distribution des récompenses du Salon, avant surtout la revision du jury, mais à cette époque seulement, des articles de journaux américains annoncent la prochaine abrogation de ce fameux impôt. Qu'on le sache bien en France, ce n'est qu'un leurre, dans l'espoir probablement d'influencer le jury et de faire accorder médailles et mentions aux exposants de nationalité américaine.

» C'est le comble de la naïveté, et si l'on traitait ici les artistes américains comme on traite aux États-Unis les peintres européens, la fameuse taxe serait promptement abrogée.

» Mais admettons quand même que la taxe de 33 p. 100 soit maintenue. Eh bien, les artistes français et européens n'en seront pas plus malheureux pour cela.

» Les riches Américains achèteront leurs toiles comme par le passé, et ils auront au moins la satisfaction de ne pas être dupés. De plus, les places occupées dans les écoles nationales de France par des artistes américains reviendront de droit à vos nationaux. Il en sera de même pour les récompenses accordées si généreusement par le jury français[1].

» Si je me permets d'émettre mon opinion, c'est que moi-même étranger, d'origine anglaise, et habitant la France depuis quatorze ans, je suis à la veille d'obtenir la naturalisation française.

» Je ne voudrais pas que la façon d'agir des Américains nuisît aux artistes étrangers d'origine européenne et diminuât ainsi, en quoi que ce soit, pour eux, la bienveillante hospitalité de la France.

» Agréez, etc.,

» L.-W. Hawkins.

» Barbizon, 16 mai 1886 ».

Et nunc erudimini[2]. A la veille de devenir Français, cet artiste étranger voudrait bien ne pas être dupe à son tour des errements, des tolérances dont il connaît mieux que personne les effets. Rien n'est plus instructif.

1. A propos de cette lettre, un journal répète cette phrase banale que la France doit garder sa grande situation de nation libérale et hospitalière. Il faudrait pourtant s'entendre une bonne fois sur le sens de certains mots tenant lieu de raisons aux gens qui n'en ont pas; il faudrait aussi que ces mêmes gens se missent d'accord avec eux-mêmes, car nous les voyons, sur le terrain commercial, dénoncer plus vivement que d'autres les procédés et les effets de la concurrence étrangère : ils voient deux questions où, comme nous le démontrerons, au fond il n'y en a qu'une. Puis l'hospitalité exercée envers des hôtes qui sont en même temps des concurrents, ne doit-elle pas s'appeler d'un autre nom, quand ces hôtes, pour toute reconnaissance, s'arrangent de façon à nous expulser de chez eux? Enfin, non contents de recevoir ces mêmes concurrents quand ils se sont formés ailleurs, devons-nous mettre tous nos soins à les multiplier, à les former nous-mêmes, au détriment de nos nationaux? Au propre comme au figuré cela nous ramène à l'école.

2. Notre tarif d'importation admet en franchise de droits tous les tableaux indistinctement, soit anciens soit modernes, comme objets de collection *hors de commerce*.

L'on voit que **M. Hawkins** s'étonne de l'indifférence montrée par les peintres français dans une question aussi importante pour leurs intérêts; nos jeunes gens, dans leur exposé, ont avec une rare perspicacité indiqué la raison première de cette indifférence. Si les maîtres, si tous ceux dont les toiles se vendent au poids des billets de mille s'étaient sentis atteints par la mesure prise en Amérique, certes il y aurait eu du bruit dans Landerneau. A leur appel, la presse eût jeté de telles clameurs que nos gouvernants secoués, réveillés, n'auraient pu manquer d'agir; mais en réalité la mesure les laisse indemnes, leurs toiles ne se vendent pas moins, peut-être même, débarrassées qu'elles sont de la concurrence des autres, se vendront-elles mieux encore aux fils de Jonathan. Ce n'est pas que nous pensions qu'ils aient fait ce calcul, mais, sans le faire, ils en profitent, et les petits se taisent, sachant bien que malgré nos prétentions à la démocratie leurs voix ne porteraient pas assez haut.

De même pour nos architectes. Sauf de rares exceptions, ce n'est pas près des maîtres que leurs plaintes trouvent de l'écho. Ceux-là qui, par leur réputation universellement reconnue, ont des chances d'être appelés à élever quelque palais, quelque théâtre au delà de nos frontières, dans des villes non encore pourvues par nous d'artistes suffisants, ceux-là non plus ne sentent pas la nécessité de se garer contre l'envahissement des étrangers, et peut-être aussi craindraient-ils de compromettre leurs bonnes chances en s'associant aux justes réclamations des petits. Pour les professeurs, leur amour-propre est flatté de ce qu'on vienne des quatre coins du monde recueillir leurs leçons. Puis toujours les anciens sont tentés de croire que les nouveaux, les jeunes ne les valent pas et se donnent moins de peine qu'eux pour réussir. « Travaillez, leur disent-ils volontiers, travaillez et tous les prix vous resteront. Tant mieux si les étrangers vous obligent à faire plus d'efforts, tant mieux s'ils nous apportent un contingent d'idées différentes des nôtres ! »

Certes nous ne voudrions pas manquer de respect à ceux qui parlent ainsi; beaucoup méritent les honneurs dont ils jouissent, mais combien pourtant, s'ils avaient à recommencer aujourd'hui leur carrière, n'atteindraient plus les mêmes sommets ! La plupart oublient trop combien les conditions présentes sont deve ues plus difficiles que celles d'autrefois. Pour vingt élèves au plus que l'École recevait jadis, aujourd'hui elle en reçoit plus de cent; elle reçoit même trop de Français, dirions-nous volontiers. Comme l'École centrale crée trop d'ingénieurs sans emploi, l'École des beaux-arts forme trop d'architectes qui jamais ne pourront trouver rien à construire; l'*Annuaire du bâtiment* qui, il y a vingt ans, en comptait quelques centaines, aujourd'hui, rien que pour Paris, en compte jusqu'à trois mille! Non, le conseil de travailler n'est jamais mauvais à donner, mais devant une telle poussée de concurrents, la dure nécessité fait plus que le donner, elle l'impose si impérieusement qu'il n'est guère possible de n'en pas tenir compte. Puis les maîtres savent-ils bien par quels procédés spéciaux, comment en s'attachant exclusivement à poursuivre l'un des prix en question, les étrangers arrivent parfois à l'emporter sur nos jeunes gens habitués à travailler plus largement, plus en artistes. Dieu nous garde de ces procédés si différents des nôtres! Ils forment cependant jusqu'ici le seul apport distinct des étrangers, surtout de ceux d'au delà des Alpes. M. Albert Wolff, dont en raison de son origine on ne saurait suspecter le témoignage en pareille matière, écrivait hier ceci dans son compte rendu du Salon :

« Il importe de le constater pour l'honneur de l'école française : c'est au milieu de nous que les étrangers ont puisé le principe d'art dans lequel certain d'entre eux excellent; ils ne nous ont apporté aucune révélation. »

Parmi les motifs invoqués par les élèves français dans leur exposé, il en est un au sujet duquel il serait bien impossible de trouver à leur opposer la moindre contradiction, c'est celui qui concerne le service militaire. Par le fait de la nouvelle loi proposée par le ministère, ce point si important déjà va prendre plus d'importance encore. En effet, ce n'est plus à un an, c'est à deux ans de service qu'on veut astreindre les élèves des hautes écoles et encore, à la condition de produire la preuve d'une instruction militaire acquise antérieurement à l'arrivée au corps; autre diplôme à conquérir et qui, de son côté, absorbera bien un an. — Le conseil général des Facultés a pris l'initiative d'une contre-proposition concernant les étudiants en droit, en médecine, et les aspirants à l'enseignement. Le conseil supérieur de l'École des beaux-arts, à moins de proclamer que rien ne le touche de ce qui intéresse le plus l'École, ne peut, il nous semble, manquer de s'émouvoir aussi. Demandera-t-il, comme le conseil des Facultés, qu'après un an de présence au régiment, les élèves puissent revenir à leurs études moyennant l'obligation de justifier que celles-ci sont suivies avec profit? Si oui, les prix remportés à l'École ne seront-ils pas appelés à justifier de ce profit, ne seront-ils pas comptés pour preuves? Et alors, les étrangers, exempts de tout devoir, affranchis de toute obligation, seraient-ils encore admis à disputer ces prix, à le faire avec des avantages plus grands que jamais et à réduire ainsi les chances de nos enfants? Cette question, croyons-nous, est de celles qu'il suffit de poser, autrement il faudrait désespérer du plus simple bon sens. Et pourtant nos jeunes gens ne paraissent pas compter que leurs intérêts seront mieux sauvegardés sur ce point que sur tous les autres. L'un d'eux, s'entretenant avec nous de cette question si grave, et, incidemment, nous citant encore l'exemple récent d'un Suisse, nommé inspecteur des travaux d'une des plus grandes écoles de l'État actuellement en voie d'achèvement à Paris (et cela bien que les concurrents français des plus capables et des plus méritants ne manquassent pas, comme on peut le croire), nous disait, pour conclure, ces mots qui, nous l'avouons, nous ont profondément remué : « Notre patriotisme sait heureusement se tenir au-dessus de tout intérêt personnel, sinon nous voyons bien ce que nous pourrions gagner à nous faire Suisses, et nous ne voyons pas ce que nous y pourrions perdre. »

Quand la lutte pour la vie arrive à faire sentir si tôt à la jeunesse ses plus inexorables lois, quand cette lutte devient chaque jour plus âpre et plus difficile, n'est-il pas insensé à nous d'augmenter les chances de succès de nos adversaires, de fourbir de nos propres mains les armes à l'aide desquelles ils peuvent nous battre sur le seul terrain où notre suprématie n'était pas contestée. Tout cela est aussi logique que d'appeler des officiers étrangers à suivre les manœuvres, les exercices de guerre où nous cherchons les moyens de battre les armées qu'ils représentent. Heureusement sur ce point on commence à se montrer moins inconséquents. Voici que les Allemands, — il fallait que ce fût eux ! — ne veulent plus admettre d'autres officiers que les leurs, dit-on, à leurs prochaines grandes manœuvres où doit être fait l'essai d'une tactique toute nouvelle. Nous comprenons cela, rien n'est plus rationnel. De son côté, notre nouveau ministre de la marine a tenu à garder secrets les résultats des essais des torpilles qui viennent de se faire à Toulon. Nous applaudissons des deux mains et nous en prenons texte pour insister de plus belle sur la thèse à laquelle elle nous ramène.

Les batailles ne durent qu'un jour, les guerres sont de plus en plus courtes, la lutte permanente, la guerre sans paix ni trêve, c'est celle que le travail livre sur le terrain des affaires[1]. Pour celle-là notre principal auxiliaire, c'est notre goût artistique entretenu dans ce milieu si exceptionnellement favorable de Paris, ce foyer unique où viennent se condenser tous les rayons du génie français. Des calculateurs, des ingénieurs, il s'en forme partout, mais le goût artistique dans ce qu'il a de plus élégant et de plus ingénieux ne se forme bien qu'ici. Tous ceux-là le savent qui viennent des bords de la Sprée, des Alpes ou d'outre-mer se frotter le plus qu'ils peuvent de parisianisme, ne trouvant rien de mieux et de plus profitable à faire que de se déguiser en Parisiens. Ne livrons donc pas davantage le dernier secret de notre force à tant de philistins. Que les artistes français, formés maintenant en société, songent qu'ils peuvent faire autre chose qu'un Salon annuel; que les membres du jury qu'ils nomment, peintres, sculpteurs, architectes, graveurs, tous soient mis en demeure d'imposer à nos gouvernants les mesures les plus efficaces pour la défense de nos intérêts artistiques. Que les étrangers qui veulent vivre par la France, d'abord se fassent Français, c'est bien le moins. Que les autres qui entendent seulement jouir des avantages de notre sol, de notre climat et du reste, payent comme ils font ailleurs une taxe de séjour. Étant donné leur nombre, cette source de revenu sera féconde. Gardons-nous de ce vague humanitarisme qui nous perd et dont on abuse tant contre nous; plaçons avant toute chose l'amour de la patrie. Moyennant cela, nous reprendrons bientôt une

1. Les avertissements sur l'acharnement que nos rivaux apportent dans cette lutte nous viennent de tous côtés. Un des correspondants les plus sérieux du *Temps* écrit de l'Indo-Chine à ce journal au sujet d'une sorte de congrès dirigé contre nous par les chambres de commerce de l'Angleterre unies à celles des Indes et de la Chine : « Qu'on le sache bien et qu'on se le répète en France, une lutte industrielle, mais une lutte acharnée, suprême, est engagée contre nous, et non seulement en Europe, mais dans tout l'univers. Jamais les chambres de commerce de notre pays n'ont eu plus besoin d'union et d'habileté pour défendre notre industrie. Jamais les ouvriers de nos manufactures n'ont plus eu besoin d'être mis au courant d'une pareille situation. »

telle place dans le monde que nul ne pourra plus se dire au-dessus de nous; notre conviction à cet égard est complète, absolue. Puisse-t-elle être partagée par nos concitoyens, par nos représentants, et bien des choses se modifieront, pour notre plus grand avantage.

Vive la France!

FIN

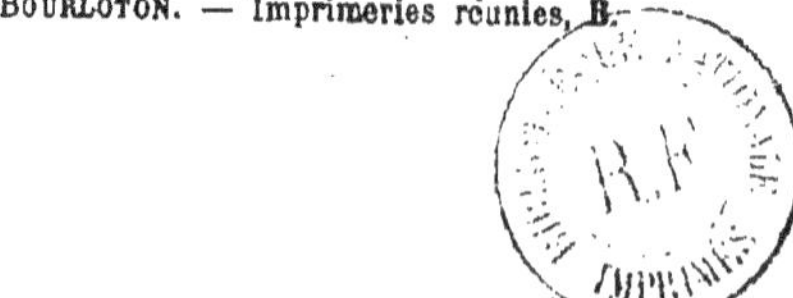

BOURLOTON. — Imprimeries réunies, B.